고구려시대 보물찾기 1

한국사 탐험 만화 역사상식 1

고구려 시대 보물찾기 1

한국사 탐험 **만화 역사상식 1**

고구려 시대 **보물찾기 1**

글 곰돌이 co. | **그림** 강경효 | **채색** 정근붕, 윤소현 | **사진** Wiki, 연합뉴스, 서울대학교박물관, 전쟁기념관, 김환대, 이현주
찍은날 2010년 12월 24일 초판 1쇄 | **펴낸날** 2010년 12월 30일 초판 1쇄
펴낸이 김영진 | **본부장** 김군호 | **개발실장** 황현숙
개발팀장 박현미 | **기획·편집** 문영, 이영, 박소영, 이지웅, 이소영, 강지혜, 백은영 | **디자인** 박남희, 이유리, 박지연
펴낸곳 (주)미래엔 서울시 서초구 잠원동 41-10 편집 02)3475-3920 마케팅 02)3475-3843~4 팩스 02)541-8249 | **홈페이지** http://www.i-seum.com
출판등록 1950년 11월 1일 제16-67호

ISBN 978-89-378-4840-7 77910
ISBN 978-89-378-4842-1 (세트)

이 도서의 국립중앙도서관 출판시도서목록(CIP)은 e-CIP 홈페이지(http://www.nl.go.kr/ecip)에서 이용하실 수 있습니다.
(CIP 제어번호 : CIP2010004685)

잘못된 책은 구입처에서 바꾸어 드립니다.
값은 뒤표지에 있습니다.

＊(주)미래엔은 대한교과서주식회사의 새로운 이름입니다.

한국사 탐험 만화 역사상식 1

고구려 시대 보물찾기 1

글 곰돌이 co. | 그림 강경효

아이세움

펴내는 글

고구려는 압록강 중류 지역에서 건국되어 7백여 년 동안 지금의 중국 동북
지역과 한반도 북부에 존재했던 나라로, 우리 민족 중 가장 넓은 영토를
지배한 강성한 제국이었습니다. 고구려의 시조 주몽은 과거 만주라고 불렸던
중국의 동북 3성 지방에 처음 나라를 세웠습니다. 산이 많고 골짜기가 깊어
농사를 지을 수 없는 척박한 환경이었지만, 고구려는 주변 이민족을 통합하여
나라를 넓히고 고구려만의 독자적인 문화를 키워 갑니다. 오랜 시간 동안
아무도 돌보지 않은 그곳에는 고구려인들이 쌓아 올린 성곽과 그들의 무덤이
남아, 고구려의 자취를 느끼게 합니다. 또한 최근에는 이 성과 고분들이
유네스코 문화유산으로 등록되어 그 문화적 우수성을 인정받기도 했습니다.

고구려는 우리 민족이 처음 시작된 고조선을 이은 나라로, 그 정신은 통일
신라와 고려, 조선을 거쳐 지금의 대한민국으로 이어졌습니다.
최근 중국은 현재 중국의 영토 안에 있던 모든 나라의 역사를 자국의 역사로
편입하는 동북공정을 진행하며, 고구려 또한 자신의 역사라고 주장하고
있습니다. 그러나 이는 동북아시아의 정세를 장악하기 위한 중국의 억지
주장일 뿐입니다. 비록 지금은 우리와 멀리 떨어져 쉽게 오갈 수 없지만,
우리가 고구려의 역사와 정신을 바르게 알고 우리 모두의 가슴속에 고구려의

정신이 이어져 있음을 인식한다면, 고구려가 남긴 광대한 유산은 아무도 빼앗을 수 없을 것입니다.

중국 베이징에서 열리는 세계 어린이 태권도 대회에 한국 대표로 참가한 팡이는 〈중국에서 보물찾기〉에서 사귄 친구 메이링을 다시 만나게 됩니다. 태극권 고수인 메이링을 태권도 대회까지 이끈 천재 태권도 코치와 함께 말이죠. 팡이가 상대방을 가볍게 제압하며 멋진 경기를 펼치는 가운데, 누군가 지구본 교수에게 다가와 봉투를 건넵니다. 봉투 속에 담긴 것은 고구려의 명장 연개소문이 사용한 칼의 사진과 초대장! 이 의문의 초대장은 대체 누가 보낸 것일까요? 여러분도 팡이와 함께 고구려의 역사 속으로 모험을 떠나 보세요!

2010년 12월

지은이 곰돌이 co. · 강경효

차 례

등장인물 소개

지팡이

베이징에서 열린 세계 어린이 태권도 대회의 강력한 우승 후보. 하지만 삼촌의 호들갑으로 금메달을 놓치고, 대신 사례금을 좇아 연개소문의 칼을 찾아간다. 칼에 얽힌 음모에 휘말려 보물찾기 사상 최악의 위기를 겪지만, 타고난 직감과 체력으로 보물을 둘러싼 비밀을 파헤친다.

팡이가 생각하는 고구려의 보물
고구려 사람들의 생활과 세계관이 담긴 고분 벽화.

팡이가 전하는 고구려 여행 팁
"발효 식품을 만들어 먹은 조상들의 지혜를 생각하며, 고구려의 대표 음식 맥적 한 접시 먹어 보는 게 어때?"

지구본

팡이의 삼촌이자 고고학자. 대회 중에 사고를 치고 대저택에서 발목 부상을 입는 등 다른 어느 때보다 많은 수난을 당하지만, 한국 고대 역사에 대한 해박한 지식을 힘껏 발휘하여 위기를 넘긴다.

지구본이 생각하는 고구려의 보물
고구려인의 힘찬 기세와 자주정신.

지구본이 전하는 고구려 여행 팁
"우리 역사를 바로 알아야 중국의 역사 왜곡을 막을 수 있어요."

메이링

〈중국에서 보물찾기〉에 등장했던 태극권 소녀. 천재 태권도 코치 덕에 태권도에서도 두각을 나타내어 다시 팡이를 만나게 된다.

메이링이 생각하는 고구려의 보물
동아시아를 주름잡았던 고구려의 무예.

메이링이 전하는 고구려 여행 팁
"오녀 산성에 오르려면 기초 체력은 필수인 거 알지?"

봉팔이

유물 검증 의뢰를 받고 헐레벌떡
중국으로 날아온 세계적인
유물 에이전트, 봉 박사.
연개소문의 칼을 빼돌려 값을
올려서 되팔 속내를 감추고 있다.

봉팔이가 생각하는 고구려의 보물
경극 속에서도 위엄이 드러나는
고구려 최고의 장수, 연개소문

봉팔이가 전하는 고구려 여행 팁
"고구려와 당의 관계를 알면,
경극을 보는 재미가 달라지지."

천재 코치

메이링에게 태권도를 가르친
중국 동포 코치. 명성과는
달리 비실비실 약해 보인다.

코치가 생각하는 고구려의 보물
중국의 온갖 공격에도
끄떡없는 견고한 산성.

주인 할아버지

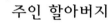

지구본과 봉팔이에게 초대장을 보낸
고대 유물 수집가. 고구려 문화를
누구보다 사랑하여 대저택을 온통
고구려풍으로 꾸몄다.

할아버지가 생각하는 고구려의 보물
강력한 위력을 가진 고구려의
다양한 무기.

그 외 조연들

봉팔이를 따라왔다가 죽을 고생을
하고 있는 쟝, 얀센.

골동품 시장 류리창의 대부,
반 대인.

우연히 만난 팡이에게 덜미를 잡힌
도굴꾼 아저씨.

제1장
안녕하세요, 고구려!

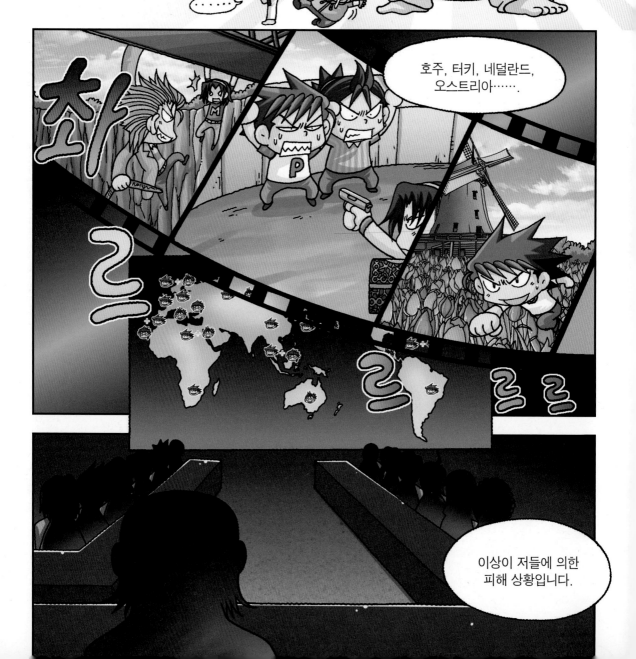

호주, 터키, 네덜란드, 오스트리아…….

이상이 저들에 의한 피해 상황입니다.

13

메이링?!

역시 너였구나.
한국 팀 명단에서 네 이름 보고
설마 했는데…….

우아, 여기서
다 만나네?

지구본 교수님,
안녕하세요!

그래, 메이링.
태국에서 보고
한참 만이지?

그나저나 팡이 너,
태권도도 할 줄 알아?

이거
왜 이래?

나 이래 봬도
한국 남자야!

신기한 건 오히려 네 쪽인데?
넌 원래 태극권 했었잖아.

후후, 최근에
내 재능을 알아보는
천재 태권도 코치를
만났거든~.

천재 태권도
코치?

소개할게,
이쪽은…….

응?

無

?

이런,
또 어디 가셨지?

참, 메이링.

헤어스타일이 좀 달라졌는데?
요즘은 짝짝이가 유행인가?
한쪽이 더 작아진 것 같기도 하고…

예전에
5대5라면
지금은 3대7쯤…

고오오오

그, 그러니?

아, 아냐.
다, 다시 보니까
괜찮아!!

뭐, 뭐지?
저 검은 안개는?

메이링~!
아, 저기 있군.

으아아아아!!

15

팡이야, 저분 메이링의 코치 아니냐?

그러게, 한국말을 하시네요?

우길 걸 우기란 말이야!

화르르

?!!!

아, 알겠다! 조선족······

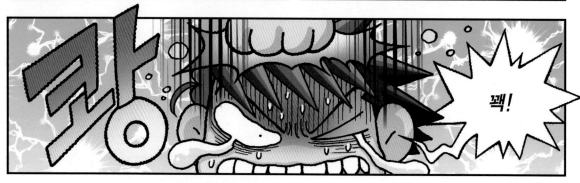

콰앙

꽥!

조선족이라니!

그건 중국 사람들이 쓰는 말이야! 우리까지 조선족이라고 부르면 안 돼!

그럼 뭐라고 불러요?

······

뉴스에서도 막 조선족이라고 했는데!!

18

삼촌, 그런데 아까 방송에서 왜 그런 소릴 했을까요?

태권도가 중국의 무예라니요.

무예계에도 동북공정 바람이 불어오나 보구나!

동북공정이오?

그건 중국이 고구려를 자기네 역사라고 조작할 때 사용하는 말이잖아요!

동북공정은 단순한 역사 조작이라기보다 중국의 연구 사업이야.

흔히 만주라고 부르는 중국 동북 지방의 역사와 정치, 경제, 문화에 대한 종합적인 연구로,

이 지역에서 일어날 수 있는 정치적 변동에 대비한 사업이지.

헤이룽장 성

동북 3성

지린 성

랴오닝 성

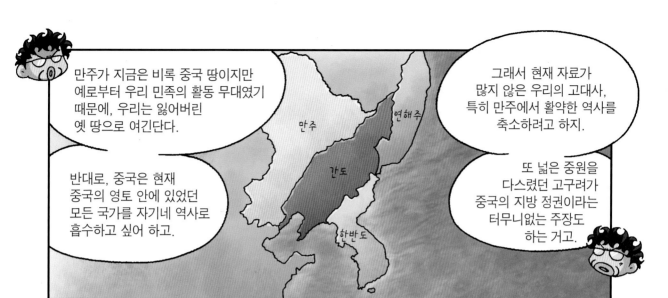

만주가 지금은 비록 중국 땅이지만 예로부터 우리 민족의 활동 무대였기 때문에, 우리는 잃어버린 옛 땅으로 여긴단다.

반대로, 중국은 현재 중국의 영토 안에 있었던 모든 국가를 자기네 역사로 흡수하고 싶어 하고.

그래서 현재 자료가 많지 않은 우리의 고대사, 특히 만주에서 활약한 역사를 축소하려고 하지.

또 넓은 중원을 다스렸던 고구려가 중국의 지방 정권이라는 터무니없는 주장도 하는 거고.

우리 민족의 뿌리를 가져가려고 하는 중국과 우리의 역사 전쟁이 된 셈이야.

그 때문에 고구려 무예에 기반을 둔 태권도까지 탐내는 거군요!

반드시 이 팡이 님이 우승해서 태권도가 누구의 것인지 제대로 알려 주겠어요!

파이팅!

퍽 퍽 ... 퍽
야압~

잘한다, 잘해! 팡이 이겨라!

지 교수님…….

네?

아니, 코치님! 안색이 왜 그래요?

가, 갑자기 배탈이 나서! 으윽, 이거……, 잠시만 맡아 주십시오!

틱

그, 금방 다녀올게요!

아니, 코치! 잠깐만…….

쉥

허둥 지둥

우아~, 팡이 제법인데?

잘못하면 팡이가 우승하겠어요.

뭐요? 잘못하면?

제, 제가 말이 좀 서툴러서……, 잘하면 말입니다.

응? 대타로 코치하세요?

흠칫

고구려는 어떤 나라?

고구려는 백제, 신라와 함께 삼국 시대의
고대 국가 중 하나로, 기원전 37년경
고주몽이 압록강 지류에 건국한 나라입니다.
고구려는 세력을 확장하던 시기에 정복
전쟁으로 영토를 넓히고 세력을 키웠는데,
이 과정에서 수많은 주변 부족을
흡수했습니다. 이렇게 여러 종족이 어울려
살았기 때문에 고구려에서는 다양성을
인정하는 개방적인 문화가 발전했을 뿐만
아니라, 동시에 각 부족 세력이 하나로
어우러져 즐길 수 있는 행사도 소홀히 하지
않았습니다. 이를 위해 일 년에 한 번,
나라를 세운 시조와 하늘에 제사를 지내는
'동맹' 이라는 제천 행사를 열어 나랏일을
함께 의논하며 고구려의 백성이라는 사실을

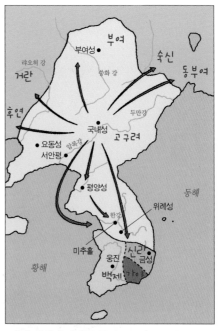

5세기 전성기 때의 고구려 동으로는 동만주
삼림 지대, 남으로는 한강 유역, 서로는 랴오허 강에
이르는 대제국을 이루었다.

되새기기도 했습니다. 또 고구려 사람들은 자신들이 하늘의 자손이라는 믿음과
고구려가 천하의 중심이라는 세계관을 갖고 있었습니다. 이러한 생각은 주변
이민족과의 전쟁을 거치며 더 강해졌고, 고구려가 만주와 한반도 지역의 최강자로

성장하는 밑거름이 되었습니다.
고구려는 이러한 영토 확장의
사실을 광개토 대왕릉비에 새겨
넣어, 후세까지 그 위용을 전하고
있습니다.

'고구려가 천하의 중심!!'이라는
인석이 새겨져 있어!

광개토 대왕릉비 비문 탁본
중국 지린 성 지안 현에 있는 이 비석에는 고구려의
건국 신화와 광개토 대왕의 정복 활동 등이 4개 면에
총 1천 802자로 새겨져 있다. (국립중앙박물관 소장)

중국의 동북공정

동북공정은 중국 정부가 동북쪽 변경 지역의 역사를 체계적으로 연구하기 위해 시작한 사업입니다. 랴오닝 성, 지린 성, 헤이룽장 성이 주축이 되어 진행하고 있는데, 이 지역은 과거 고구려와 부여, 발해의 영토를 포함하는 곳이기도 합니다. 그러나 우리에게는 '중국의 고구려사 왜곡'으로 더 잘 알려져 있습니다. 중국은 이 사업을 통해 현재 중국의 국경 안에서 일어났던 모든 국가와 민족의 이야기를 중국의 역사로 만들려 하고 있고, 고구려사 역시 '한국사가 아닌 중국사'이며 '고구려는 중국의 지방 정권'이었다고 주장하고 있기 때문입니다. 동북공정이 시작되기 전까지 중국은 비교적 주관적인 입장에서 쓰인 역사서에서도 고구려를 자신들의 역사로 본 기록이 단 한 건도 없었지만, 동북공정 사업이 시작된 이후부터는 여러 유적지나 박물관에 설명문과 표지판을 세우고 고구려의 유적지를 관리하며,

고구려의 역사를 가로채는 데 열을 올리고 있습니다. 이처럼 중국이 동북공정을 실시하는 것은 단순한 역사 연구가 아니라, 다가오는 아시아의 변화에 맞춰 동북아의 정세를 장악하려는 정치적인 움직임이기도 합니다. 고조선과 고구려, 발해 등 과거 우리 조상들의 자랑스러운 역사를 지키기 위해서는 우리가 더 적극적으로 나서서, 중국의 역사 왜곡에 강하게 대응해야 할 것입니다.

고구려 산성의 표지석
중국 정부는 랴오닝 성의 고구려 산성 입구에 '고구려 민족은 중화 민족의 구성원'이며 '고구려는 동북 소수 민족'이라는 문장을 새겨 고구려의 역사를 왜곡하고 있다.

우리 역사를 바르게 알아야 왜곡을 막을 수 있어요!

제2장
다섯 자루의 칼

중국, 베이징

이 바보들아!!
연개소문은
중국 장수가 아니라,

중국을 벌벌 떨게 한
고구려의 장수야!

고구려?

고려?

코리아?

속닥
속닥

다 비슷하네?

코리아면 보스가
태어난 나라 아니냐?

이런, 여전히 무식한 놈들
같으니라고……

고구려는 한국의
고대 왕국 중
하나야.

기원전 37년 한반도 북부,
압록강 중류 유역에서 세워져
7백여 년 동안 중국 동북 지역과
한반도 북부 지역을 지배한 나라로,
한국 역사상 가장 넓은
영토를 이룬 왕국이었지.

아이고…
고구려랑 싸우다가
우리 수나라가 먼저
망했네!

중국의 거대 왕조인 수나라도
그 당시 고구려와 싸우다
망했다고 할 만큼, 고구려는
중국에겐 두려움의 대상이었어.

뭐야, 방금 그 고구려 장수가 쓰러졌어요!!

경극 〈독목관〉은 중국 역사상 가장 태평성대를 이루었다는 당나라 태종 때 이야기야.

고구려와 전쟁을 하던 당나라의 황제가 죽을 뻔한 순간에 용감한 당나라 장수가 나타나 고구려를 물리친다는 내용이지!

어? 잠깐만!

그런데 말이야~.
실제로 연개소문이 살아 있는 동안
중국이 고구려를 이긴 적은 단 한 번도 없었어.

절대로 고구려랑은 싸우지 마라!! 마지막 유언이다.

←당 태종

오히려 당 태종이 죽은 이유도 고구려와의 전쟁에서 얻은 부상 때문이란 얘기도 있지.

네에?

하지만 방금 연개소문이 당나라 장군한테 죽었는데요?

그건 중국 사람들이 굴욕적인 역사를 받아들이지 않으려고 했기 때문이야.

실제로 역사와는 다르지만 당나라가 이기는 것으로 내용을 바꾸자, 극의 인기가 치솟았지.

끄아악! 살려줘!!

흑, 경극에서라도 한 번쯤 이기고 싶었나 봐.

끄덕 끄덕

그 심정 알 것 같아.

하지만 이렇게 역사를 왜곡했다는 이유로 〈독목관〉은 공연이 금지됐어.

네?!!

북한 쪽에서 항의해 오자 중국은 1949년에 '우호 국가를 자극하는 내용' 이라며 공연을 금지시켰거든.

누가 졌다고?! 우리 조선민족의 영웅을 비하해!

쏘리~ 쏘리~

독목관

전쟁이다!

그, 그럼 우린 불법 공연을 본 거네요?

그런 셈이지.
하지만…….

중요한 것은
불법이냐 아니냐가 아니라
들키지 않는 거야.

자, 그러니까 이 편지도
들키지 않게 조용히 읽어.

"세계적인 유물 에이전트인
봉 선생님의 명성을 듣고
긴히 연락드립니다."

"암시장의 전설처럼 전해지던
연개소문의 칼 다섯 자루를
제 손에 넣게 되었습니다.
은밀히 봉 선생님을 만나
검증을 받고 싶습니다."

드…드디어
편지를 보여
주시는군요!

그럼
그럼

세계 어린이 태권도
대회 경기장

빠 지직

팡이야!

내 얘기 좀
들으라니까!

됐어요, 우리
헤어져요!

뭐?

이제 삼촌 조카
안 해요! 우린
가족도 아니야!!

내가 괜히
그랬겠니?

일단 이것부터
좀 봐라!

엥?
이게 뭐예요?

아까 네 경기 때 어떤 사람이 와서 주고 간 거다.

"존경하는 지 교수님, 반대표 님의 소개로 은밀히 연락드립니다."

"암시장의 전설처럼 전해지던 연개소문의 칼 다섯 자루를 제가 우연한 기회에 구하게 되었……."

연개소문?!!

그래! 고구려 말기의 장수이자 재상이었던……

저도 알아요!

연개소문이야말로 고구려의 정신을 지켜 낸 영웅이죠!

그렇다니까! 그러니 내가 그렇게 흥분해서 수건까지 내던졌지~.

게다가 칼이 진품이라면, 한국에 기증하고 싶다고까지 하는구나!

아, 여기 있네요. "…기증을 원하며, 그래서 특별히 지 교수님께 검증을 부탁드립니다. 물론……."

"사례는 충분히 하겠습니다~?"

삼초온~.

흥, 왜 그렇게 부르나? 아까는 내 조카 안 한다며!

무슨 소리예요, 삼촌! 어떻게 피를 속이나요?

돼, 됐다!

고구려의 역사

고구려 건국

고조선이 멸망한 후 졸본과 국내성 지역에는
고조선과 부여의 혈통을 이은 크고 작은 세력들이
작은 나라를 이루며 흩어져 살고 있었습니다.
주몽의 일행이 부여를 떠나 비류수 유역에 도착할
즈음엔 스스로를 단군왕검의 후예라고 칭하는
비류국의 송양왕이 연맹의 대표로 그 일대를
다스리고 있었는데, 송양왕은 뛰어난 활 솜씨를
가진 주몽을 알아보고는 자신의 딸 소서노와
결혼시켜 압록강 중류 지역에 자리를 잡을 수
있도록 도와줍니다. 그 후 압록강 주변의 작은
나라들은 자신의 땅을 노리는 다른 세력에 맞서
점차 힘을 모으기 시작했고, 주몽을 왕으로 추대해
기원전 37년 마침내 고구려가 건국됩니다.

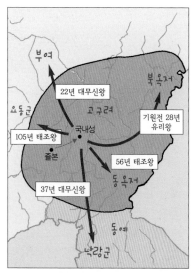

2세기의 고구려 지도 건국 전부터 주변
세력을 통합한 주몽에 이어 3대 대무신왕은
낙랑군을 정벌했고, 6대 태조왕은 동옥저와
요동군을 정벌하며 영토를 확장했다.

영토 확장과 문물 정비

만주 지역의 강대국으로 떠오른 고구려는 4세기 말 고국원왕이 백제와의 싸움에서
전사하며 큰 위기를 맞습니다. 하지만 뒤를 이은 소수림왕은 불교를 받아들이고 교육
기관인 태학을 세워 인재를 양성했으며, 율령을 반포하는 등 나라 안을 튼튼히 보살펴
위기를 슬기롭게 극복합니다. 이러한 힘을 바탕으로 고구려는 광개토 대왕과 장수왕
때에 이르러 전성기를 맞이합니다. 이 시기는 우리 민족 역사상 가장 활발하게 영토를
확장한 때로, 광개토 대왕은 북만주 일대와 연해주 지역, 요동반도, 남으로는 한강
이북까지 영토를 확대하였습니다. 그 뒤를 이은 장수왕 역시 남쪽으로 영토를 더
확장하며 전성기를 이어 갔습니다. 이 당시 고구려는 광활한 영토뿐만 아니라 동해와
황해의 해상권을 모두 갖고 있었으며, 과거 고조선의 문화유산을 차지해 정치, 경제,
문화 면에서 비약적으로 발전할 수 있었습니다.

수·당과의 전쟁

6세기 말, 중국의 오랜 분열을 끝내고 통일을 이룬 수나라는 동북아시아의 강호인 고구려를 제압하려 합니다. 그리하여 수양제가 612년 직접 113만 대군을 이끌고 고구려에 쳐들어왔으나, 살수(청천강으로 추정)를 건너다 고구려 장군 을지문덕에게 전멸하고 맙니다. 이 싸움이 바로 그 유명한 '살수 대첩'입니다. 이후에도 수는 몇 차례나 고구려를 공격했지만 성과를 얻지 못했고, 결국 무리한 전쟁으로 인해 멸망합니다. 수나라의 뒤를 이은 당나라의 태종 또한 고구려를 정복할 야심을 품었지만, 결국 안시성 싸움에서 크게 패하고 겨우 목숨만 건져 달아났습니다.

살수 대첩 기록화 을지문덕은 수나라 군대를 유인하여 그들이 퇴각하는 길목인 살수에서 총공격해 큰 타격을 입혔다. (전쟁기념관 소장)

고구려의 멸망

고구려가 북쪽의 중국 세력과 전쟁을 치르는 동안, 한반도에서는 백제와 신라가 발전하였습니다. 그리고 결국 당나라와 손을 잡은 신라가 백제를 멸망시키고 고구려까지 공격합니다. 고구려는 계속된 전쟁으로 국력이 약해진 데다 강력한 지도자였던 연개소문마저 갑자기 사망해 혼란을 겪고 있던 시기라 이를 막아 내지 못하고, 결국 나·당 연합군의 공격으로 668년 멸망하고 맙니다.

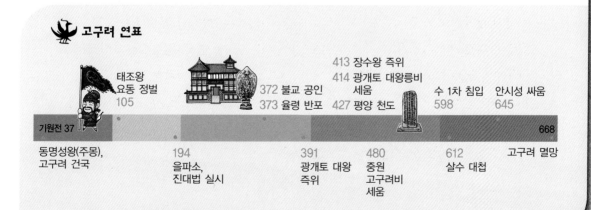

고구려 연표

	태조왕 요동 정벌 105	372 불교 공인 373 율령 반포	413 장수왕 즉위 414 광개토 대왕릉비 세움 427 평양 천도		수 1차 침입 598 · 안시성 싸움 645
기원전 37					668
동명성왕(주몽), 고구려 건국	194 을파소, 진대법 실시	391 광개토 대왕 즉위	480 중원 고구려비 세움	612 살수 대첩	고구려 멸망

제3장
수상한 대저택

이, 이렇게 외진 곳에 정말 집이 있대요?

지, 집이다! 정말… 있긴 있구나.

헉! 새, 생각보다 훨씬 거대한 저택이네요.

역시~, 고대 유물 수집가의 정원답구나! 안 그러냐, 팡이야?

맞아요. 이 기품 있는 정원을 보니,

주인의 부유함이 뚝뚝 흐르는 게 느껴져요.

아. 행복해~♪

말버릇 하곤.

두리번

두리번

이건 사슴,

저건 호랑이.

응?

…봐, 봤냐?

고구려의 철촉은 강도 높은 철로 만들어져 파괴력이 엄청나지요.

다양한 형태가 전해지는데 일반 철촉에 비해 무겁고 강해 척추를 관통할 수 있을 정도라고 합니다.

화, 화살이 돌에 박혔어요.

누, 누구요?! 숨어서 말하지 말고 모습을 드러내시오!

이, 이게 어디서 나는 소리예요?

척추를 관통?

잠깐.
그러고 보니
이 정원……!

그냥 평범한
부잣집 정원이
아니야!

삼촌, 이 정원은……,
고구려 고분 벽화
'수렵도'의 모습이에요!

뭐?

쯔쯔쯔쯔
쯔쯔쯔

헉!

이것이 바로 연개소문의 칼입니다.

아~고대 유물의 진한 향기가~!!

보십시오, 이렇게 칼 손잡이 끝 부분에 둥근 고리가 달린 칼을 '환두대도'라고 합니다. 고구려를 비롯한 삼국 시대에 만들어진 초기 철검의 형태로,

지금처럼 이 고리 안에 장식이 들어간 것을 특별히 '장식 대두'라고 부르지요.

나중에는 이런 장식 없이 칼 손잡이 끝이 골무 형태로 마무리된 기본 검으로 발전했지만,

그럼 진품일 가능성이 높은 거네요?

오, 이런!

연개소문은 권위의 상징으로 장식 대두를 계속 사용했다는 중국의 기록이 있습니다. 연개소문의 칼에 대한 유일한 기록이지요.

그냥 장식이 아니라, 삼족오였군!

세 발을 가진 까마귀 말씀입니까?

화-악

맞아요, 고대 동아시아 신화에 발이 셋 달린 검은 새가 태양 속에 산다는 이야기가 전해지지요.

오⋯오⋯오⋯

고대 사람들이 태양의 흑점을 보고 태양 안에 삼족오가 산다고 생각한 거였어요.

고구려인들은 자신의 나라가 태양신의 아들이 세운 천제의 국가라고 믿었기 때문에,

고구려 왕의 상징으로 삼족오가 쓰였던 거죠!

왕의 상징?

당시 연개소문은 왕보다 더 높은 직책인 대막리지로, 왕을 바꿀 수 있을 만큼의 강한 권력을 가지고 있었습니다. 연개소문이라면 이 삼족오 문양을 쓸 수 있었을 겁니다.

그럼 이게⋯⋯, 왕의 검이란 말입니까?

훅⋯

희미하지만 '대막리지 연개소문'이라는 금세공도 보이고…….
더 자세히 봐야겠지만, 일단 진품일 가능성이 높아 보입니다.

이 문장과 당시의 금세공법이 연개소문의 칼임을 증명하고 있으니까요.

우아

이럴 줄 알았다니까!
그럼 어서 나머지 칼들도 봐요!

스윽

삐용 삐용

삐용 삐용

삐용 삐용

두두두두 두두...

무, 무슨 일이지?

워낙 귀한 보물이라 노리는 이도 많아서……

…혹시?

삐요오

뭔가?

두리번 두리번

역시 그랬어!

삐요오 삐요오

침입자입니다. 누가 보안 장치를 건드렸어요!

어어어?

팡이야, 왜 그래?

전쟁의 나라, 고구려

전쟁을 피할 수 없다면 맞서 싸워야 한다!

고구려에서는 혼수로 수의를 준비할 정도로 전쟁과 죽음을 자연스럽게 받아들였어요.

항상 전쟁을 준비한 나라

고구려는 우리 역사상 가장 호전적인 나라였습니다.
농사에 불리한 험준한 지형 때문에 다른 부족을
침략하여 부족한 식량을 보충해야 했고, 중국과
한반도가 통하는 중요한 위치에 자리 잡고 있었기
때문에 끊임없이 외부 세력과 충돌할 수밖에 없었습니다. 초기의 고구려군은
귀족들로 이루어진 소수의 전문 군사 집단으로 구성되었는데, 곧 적은 수의 군사로
중국의 대군과 대결하는 데 어려움을 겪게 됩니다. 이에 민간 교육 기관인 경당을
만들어 경전과 궁술을 가르쳤습니다. 경당에서는 주로 지방의 평민들이 공부하고
무예를 익혔으며, 이를 통해 고구려는 군대를 키울 수 있었습니다. 평소 사냥을
즐겼던 고구려 사람들은 사냥을 통해 군사 훈련을 하기도 했습니다. 그래서 전쟁이
나면 활을 잘 쏘는 사람은 궁병, 말을 잘 타는 사람들은 기병이 되어 바로 전투에
참여했습니다.

고구려의 무기들

우리 민족은 예로부터 중국 사서에 '동이(東夷)'라고 기록되어 있습니다. '이(夷)'는
크다는 뜻의 '大'와 활을 뜻하는 '弓'을 합친 글자로, 동이란 '동쪽에 있는 큰 활을

안악 3호분 〈행렬도〉의 부분 왕이 탄 수레 옆으로 창,
도끼, 활을 든 기병과 보병이 그려져 있다.

잘 쏘는 사람'이라는 뜻입니다. 그만큼
활은 우리 민족이 오랫동안 사용해 온
무기였습니다. 고구려를 건국한 주몽의
이름 역시 활을 잘 쏘는 사람을 뜻하는
부여말에서 온 것인 만큼, 고구려군의
주력 무기 또한 활이었습니다. 소뿔에
목재를 덧붙여 만든 고구려의 활은
탄력이 강해 먼 거리까지 강한 위력을
발휘했고, 주변 국가에서는 고구려를

뜻하는 '맥'을 붙여 특별히 '맥궁'이라고도 불렸습니다. 활과 함께 쓰인 창은 주로 적군을 찌를 때 사용했고, 적의 갑옷을 찢을 때는 도끼를 사용했습니다. 기원전 200년경부터 손잡이 끝 부분이 고리 모양으로 장식된 검인 환두대도가 출현했습니다. 검은 특권층만 가질 수 있는 무기로, 지배자들은 환두대도의 장식으로 자신의 권력을 나타냈습니다.

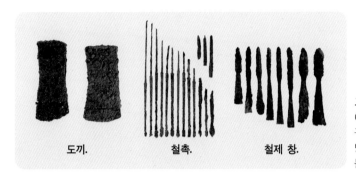

고구려의 철제 무기
아차산 제4보루와 몽촌토성, 구의동 보루에서 출토된 유물로, 당시 고구려의 다양한 무기를 볼 수 있다. (서울대박물관 소장)

도끼.　　철촉.　　철제 창.

벽화로 남은 고구려의 무예

오랜 세월 크고 작은 전쟁을 수없이 치른 고구려에는 다양한 무예가 발전했습니다. 우리나라의 전통 무예인 태권도 역시 고구려의 무예에서 기원했다고 하는데, 무용총과 삼실총, 동수묘 등 많은 고구려의 고분 벽화에 그려진 격투기 자세에서 그것을 확인할 수 있습니다. 또한 고구려인은 말 위에서 무예를 행하는 마상 무예에 뛰어난 것으로 유명합니다. 특히 무용총의 벽화 〈수렵도〉에는 달리는 말 위에서 몸을 뒤로 돌려 활을 쏘는 고난이도의 기마 궁술이 그려져 있어, 당시 고구려의 무예가 얼마나 뛰어났는지 짐작할 수 있게 합니다.

무용총의 〈수렵도〉
말 위에서 몸을 돌려 활을 쏘는 자세를 파르티안 샷이라고 한다. 중앙아시아의 파르티아 유목민이 전투에서 사용한 것으로, 실크로드를 통해 동아시아에 전해졌다.

발을……, 삐었나 보다.
너는 어서 봉팔이를 쫓아!

하, 하지만……

나는 괜찮다!

연개소문의 칼이
봉팔이 손에
넘어가게 그냥
둘 테냐?!

그 칼은!
고구려의 정신이 담긴
중요한 유물이야!

그게 사라졌다고
생각하면
내 발 다친 것쯤은
아무것도 아니다!

삼…촌…

데굴 데굴 데굴2

으악, 뼈가
바스러졌나
봐!!

....

아이고~,
나 죽네!!

아파, 아프단
말이야!!

징 징...

징

...지구본 교수님?

그럼 맞는 동안 한번 생각해 보시지~!

부─웅

야

타

퍼어

억!

아. 그래!

갑자기……, 뭔가 떠올라!

◄◄ 30분 전

우린 약속 시간보다 조금 일찍 도착해서 그 집을 살펴보고 있었지.

응? 저쪽에서 누가…….

오~. 훌륭하군! 이런 대단한 고객이 산 속에 숨어 있을 줄이야…….

올라오는데요, 보스?

흐뭇

저건…….
고, 곰팡이?!

뚱땡이 교수도
같이 있어요!

지, 집이다!
정말… 있긴 있구나.

새, 생각보다
훨씬 거대한
저택이네요.

저 녀석들, 보스가
여기 있다는 걸
알고 온 걸까요?

흠…….

저들이 왜 왔는지는
지금부터 알아봐야지.

자, 들어가 볼까?

73

74

흥, 요즘엔 포크 들고 다니면서 깔끔 떨진 않나 보지~?

그, 그야 이젠 돈이 없……

잠깐, 그럼 저게 그때 포크에 찔렸던 자리?!

정답!

쟝, 얀센……

두, 두목.

고구려의 위대한 장수 연개소문

강력한 재상 연개소문

고구려의 귀족 집안에서 태어난 연개소문은 아버지의 뒤를 이어 고구려의 으뜸
벼슬인 막리지가 되었습니다. 하지만 당시 고구려의 27대 왕인 영류왕은 당나라에
조공을 바치는 등 중국과 굴욕적인 외교를 했고, 그것을 반대한 연개소문의 힘이
커지자 대신들과 함께 그를 없앨 음모를 꾸미기도 했습니다. 하지만 이를 눈치챈
연개소문은 먼저 자신의 반대파들을 모두 처치하고 왕의 조카를 보장왕으로 왕위에
올리며 스스로 왕보다 더 큰 권력을 지닌 대막리지에 오릅니다.

이후 대막리지 연개소문은 중국에 강력하게 맞서기 시작합니다. 당나라 태종은 왕을
갈아 치운 연개소문을 벌하겠다며 쳐들어왔지만 오히려 안시성 싸움에서 대패했고,
이후 몇 번의 전투에서 단 한 번도 이기지 못하자 다시는 고구려를 침략하지 말라는
유언을 남기기까지 했습니다.

연개소문은 목숨이 다할 때까지 누구도 넘볼 수 없는 강한 나라로 고구려를
이끌었습니다. 그러나 그가 죽은 후 그의 세 아들 사이에 권력 다툼이 벌어졌고,
이 틈에 침략해 온 나·당 연합군에 의해 고구려는 순식간에 멸망하고 맙니다.
이후 연개소문에 대한 기록은 거의 사라져 버렸고, 신라는 〈삼국사기〉에서
연개소문을 고구려를 망친 역적이라고 기록하기도 했습니다.

후세의 학자들은 자주적인 연개소문을 영웅으로 평가하기도 해요~

안시성 싸움 기록화
645년 당 태종이 30만 대군을
이끌고 침공하였으나, 결국
고구려에 패하여 물러나고
말았다. (전쟁기념관 소장)

중국 설화에 기록된 연개소문

중국의 공식적인 사서에는 당 태종이 연개소문에게 처참하게 패배한 내용은 나와 있지 않습니다. 당나라는 중국 역사상 가장 화려한 문물을 꽃피운 제국이며 당 태종 이세민은 대대로 존경받는 황제였기 때문에, 그가 연개소문에게 목숨을 잃을 뻔했다는 치욕적인 사실을 철저히 은폐하려 했던 것입니다. 하지만 백성들 사이에 전해지는 다양한 설화와 기록은 그때의 기억을 생생히 전했고, 야사와 경극이라는 형태로 지금까지 이어지고 있습니다. 중국의 경극 〈독목관〉, 〈살사문〉, 〈어니하〉의 내용은 한결같이 연개소문을 만난 당 태종이 죽음 직전까지 갔다가, 번개처럼 나타난 영웅 설인귀에게 구출된다는 내용입니다. 하지만 역사학자들은 연개소문과 설인귀는 실제로 마주친 적이 없었다고 확신하고 있으며, 아마도 백성들이 보상 심리로 이런 이야기를 지어내었을 것이라고 추측합니다. 매번 당나라가 고구려에 철저히 패하자, 민중들은 사실과는 다른 이야기로 위안을 받았던 것입니다.

경극에서라도 딱 한번만 이겨보자!!

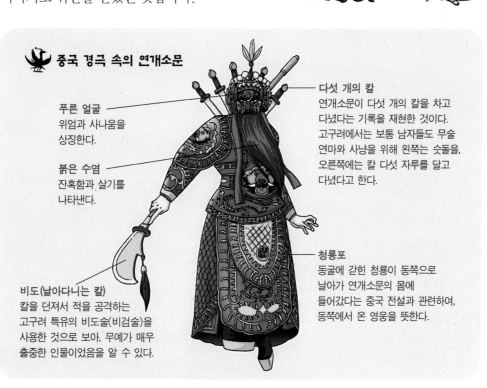

🐦 중국 경극 속의 연개소문

푸른 얼굴
위엄과 사나움을 상징한다.

붉은 수염
잔혹함과 살기를 나타낸다.

비도(날아다니는 칼)
칼을 던져서 적을 공격하는 고구려 특유의 비도술(비검술)을 사용한 것으로 보아, 무예가 매우 출중한 인물이었음을 알 수 있다.

다섯 개의 칼
연개소문이 다섯 개의 칼을 차고 다녔다는 기록을 재현한 것이다. 고구려에서는 보통 남자들도 무술 연마와 사냥을 위해 왼쪽는 숫돌을, 오른쪽에는 칼 다섯 자루를 달고 다녔다고 한다.

청룡포
동굴에 갇힌 청룡이 동쪽으로 날아가 연개소문의 몸에 들어갔다는 중국 전설과 관련하여, 동쪽에서 온 영웅을 뜻한다.

제5장
류리창의 대부

류리창

여기, 대인이 원하시던 거문고입니다.

이만한 골동품을 구하는 게 쉽진 않았답니다.

엥? 그건 거문고가 아니잖아요.

이, 이 녀석이 또! 거문고가 아니라니?!

아닌데요, 뭘~.

NO~! NO~!

반 대인, 저도 몰랐습니다! 한 번만 용서를…….

당장 가게 문을 닫으시오!

어서 와라, 팡이야. 안 그래도 메이링과 통화했단다.

같이 태권도 대회에 나갔다면서?!

그런데 넌 기권했다며? 으하하, 다 들었지롱~!

반 대인 아저씨! 그게 문제가 아니에요!

봉팔이가 또 유물을 훔쳐서 달아났다고요!!

뭐? 봉팔이?!

마, 말씀하시는 그 저택이 어딘지 대충 알 것 같은데요…….

…버스를 탄 게 아닐까요?

차가 잘 안 다니는 동네긴 하지만, 하루에 한 번 고구려 유적에서 가이드로 일하는 조선족들의 통근 버스가 지나가거든요.

시간대도 딱 그쯤인 것 같고…….

그 버스를 타고?

그럼…….

가능한 얘기예요! 그럼 그렇게 감쪽같이 사라진 것도 말이 되고요!

좋아, 그 버스의 종착지를 알아보면 되겠군.

그, 그건 제가 알아봐 드릴게요!

살았다!

웨이(여보세요)?
뭣 좀 물어볼 게
있는데……

그나저나 메이링은
지구본 교수님과 저택에
같이 있는 거냐?

네, 메이링이오?
메이링이 왜요?

왜라니~, 너랑 같이 볼일 보고
늦게 온다고 전화하던걸?
그게 다 그 연개소문의 칼
때문이었구나.

나한테 금메달이나
먼저 보여 줄 것이지~.

금메달?!

응?
왜 그러니?

설마.
이게……

덜컥

덜컥

이럴 수가! 이건 메이링의 금메달이야!

그게 무슨 소리야? 메이링의 금메달을 왜 네가 갖고 있어?

메이링은 대회장에서 헤어진 뒤로 못 만났어요! 그런데…….

이건 봉팔이 녀석을 놓친 곳에서 주운 거란 말이에요!!

그, 그럼!

봉팔이가 우리 메이링을…….

춤과 노래의 나라, 고구려

고구려는 강력한 군사력 때문에 무예와 전쟁의 나라로 대표되기도 하지만,
그에 못지않게 노래와 춤을 즐긴 민족이있습니다. 현재 고구려의 음악과 무용에 대한
자세한 기록은 남아 있지 않지만, 다양한 고구려 고분 벽화 속의 모습을 통해,
고구려인들의 음악과 춤에 대한 관심을 엿볼 수 있습니다.

고구려의 음악과 거문고

고구려의 노래 가운데 지금까지 전해지는 것은 유리왕의 〈황조가〉가 유일합니다.
그러나 당시에는 많은 노래와 음악이 연주되었고, 약 40종 이상의 악기가 있었던
것으로 전해집니다. 대표적인 악기로는 북 같은 타악기 '고'와 짐승의 뿔로 만든
관악기 '각'이 있습니다. 두 악기는 전쟁 시에 전진과 후퇴를 알리는 신호용으로,
또 왕족들의 행렬에 의장용으로도 쓰였습니다.
고구려의 악기 중에서 유래나 제작에 관한 문헌이 남아 있는 것은 거문고가
유일합니다. 거문고는 진나라에서 들여온 칠현금을 재상 왕산악이 개량하여 새롭게
만든 것으로, 왕산악은 거문고로 백여 곡의 노래를 지어 연주했다고 합니다.
고구려에서는 전문적인 연주자뿐만 아니라 귀족들도 악기 연주를 즐겼으며,
연개소문의 아들 남생의
묘비에는 남생이 거문고
연주를 잘했다는 기록이
남아 있습니다.

무용총의 거문고 후실 동벽에
그려진 그림으로, 왼손으로 줄을
누르는 모습이나 술대를 잡는 법이
거문고의 연주법과 비슷하다.

고구려의 무용과 무용총

고구려 고분의 이름은 발견 당시 그 무덤의 특징과 돋보이는 점을 기초로 정합니다. 이 중 중국 지린 성에서 발견된 고분에는 특이하게 춤을 추는 벽화가 있어 춤 무덤, '무용총'이라는 이름을 갖게 되었습니다. 무용총의 그림에서는 말을 탄 귀족이 바라보는 가운데 다섯 명의 무용수가 춤을 추고 있습니다. 아마도 주인이 돌아온 것을 반기거나 외출을 환송하는 춤을 추는 것으로 보입니다.

고구려는 왕실 내의 제사나 왕의 즉위식, 잔치, 사신 의례, 장례 의례 등 다양한 자리에서 춤을 추었는데, 그 내용에 따라 긴소매를 너울거리며 추는 춤, 북을 치며 추는 춤, 칼과 창 같은 무기를 들고 추는 춤 등 다양했을 것이라고 추측하고 있습니다.

무용총의 〈무용도〉 소매가 긴 저고리를 입은 무용수들이 일곱 명의 합창대가 부르는 노래에 맞춰 춤을 추고 있다.

당나라와 일본에 영향을 준 고구려의 춤과 노래

고구려의 춤과 노래는 삼국뿐만 아니라 중국과 일본까지 뻗어 나가며 외교에서도 중요한 역할을 했습니다. 중국 문헌에서는 고구려 사람들이 노래와 춤을 좋아하는 민족이라고 전하며, 당시 고구려의 음악과 춤은 수·당 시기 중국에 널리 알려져 유행했다고 합니다. 고구려 사신을 통해 고구려의 앞선 음악과 악기를 전해 받은 고대 일본에서도 고구려의 춤과 음악이 연주되곤 했습니다.

수나라와 당나라에는 고구려 연주단인 '고려기'가 궁궐에 상주했대요.

제6장

행운의 까마귀

까, 까마귀가……!
불길한 징조야!

끄아아아

불길하게……

걱정 마세요, 아저씨.
여기선 아니에요.

뭐?!

여기는 고구려의 옛 땅, 오녀 산성!

고구려에서 까마귀는
행운의 상징이거든요.

까, 까마귀가
행운의 상징이라고?

네, 주로 농경 사회에서는
까마귀를 불길하게 보았어요.
죽은 시체를 뜯어 먹고
소중한 농작물을 망쳤기 때문이죠.

저 까마귀 때문에 한해
농사를 다 망쳤어!

하지만 북유럽이나 아시아 지역의 유목 민족들은
어차피 농사를 지을 수 없었으니, 까마귀로 인한
피해도 없었죠. 오히려 묻을 땅도 없는데,
시체를 먹어 주니 고마워할 정도였어요.

까마귀는 신께서
보낸 사자야!

사냥을 중시한 고구려에서 까마귀는 길조를 넘어
신의 사자로 대접받았고, 세 발 달린 까마귀 형상의
삼족오는 고구려의 상징으로까지 쓰였지요.

하지만 중국과 한반도 남쪽에서는 고구려 군대가 지나간 자리마다 시체를 찾아 날아든 까마귀들을 죽음과 전쟁의 새라고 생각했어요.

그래서 고구려와 반대로 흉조가 되어 버린 거예요.

하지만 고구려 땅에 있는 한 까마귀는 길조니, 걱정 마세요!

잘 해결될 거란 거죠!

후~

그, 그럼 다행이네.

어어? 저, 저기…….

휘청

…메이링?

105

봉팔이는 칼 근처에도 못 갔어.
저택에 들어가기도 전에
날 보고는 도망가기 바빴으니까.

뱀요
뱀요

메이링?

쿠쿵

그런데 연개소문의
칼을 도둑맞다니.
그게 정말이야?

휘청

으아아~!
뭐가 어떻게
된 거야?!

휴~

그럼 봉팔이 넌
그 저택에 왜 갔는데?!

또 메이링 넌
왜 이 녀석을
쫓은 거야?

슬쩍

그, 그건……

슬쩍

그, 그게……

어떻게 된

거냐면……

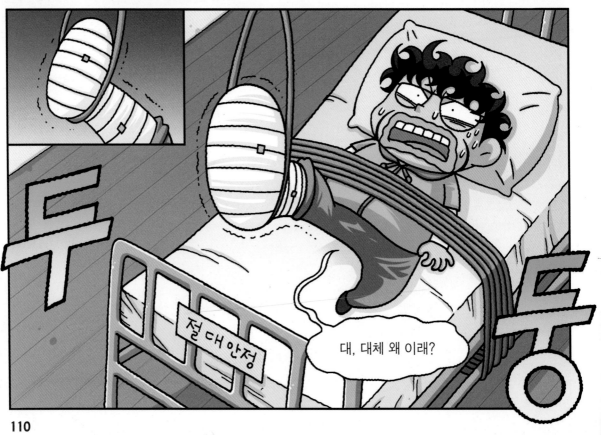

그러니까 봉팔이도 같은 사람에게 초대를 받았는데,

우리를 보는 바람에 숨어 들어갔다가 메이링을 만났고,

메이링한테 쫓겨서 여기까지 왔다는 거지?

그래, 난 억울해! 정말 잘못한 게 없다고! 심지어 이번엔 초대도 받았는데!

맞아! 억울해!

예끼! 어쨌든 담을 넘었잖아!

우리랑,

같은 초대장?

고구려의 상징, 삼족오

태양신의 사자

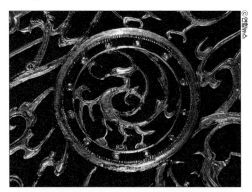

삼족오 해뚫음무늬 금동 장식 평양에서 출토된 금동 장식으로 가운데에 고구려의 상징 삼족오를 볼 수 있다.

세 개의 다리가 달려 있는 검은 새 삼족오는 고구려 고분 벽화 속에 자주 등장하여 태양신의 사자나 왕의 권위를 상징하는 동물로, 흔히 세 발 달린 까마귀로 보기도 합니다. 삼족오는 고구려뿐만 아니라, 고대 동아시아 전체에서 신성한 새로 여겨지고 있습니다. 옛사람들은 태양의 흑점을 보며 태양과 지상 사이를 오가는 사자가 존재한다고 생각했고, 흑점처럼 검은 새가 그 역할을 한다고 본 것입니다.

삼족오의 발이 세 개인 이유도 태양과 관련이 깊습니다. 우주의 현상을 음과 양의 원리로 설명하는 음양오행설에서는 태양을 양의 원천으로 보는데, 일반적인 새의 다리 개수인 2는 음수(짝수)이기 때문에 하나를 더해 양수(홀수)인 3을 만든 것입니다. 이 세 개의 발은 하늘과 땅, 그리고 사람을 의미한다고 해석하기도 합니다.

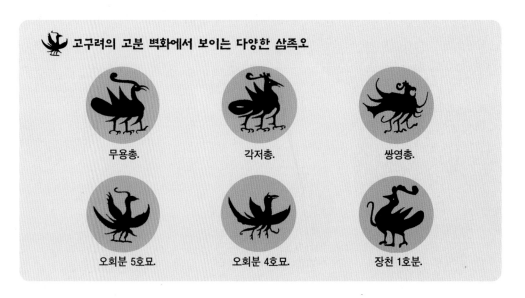

고구려의 고분 벽화에서 보이는 다양한 삼족오

무용총. 각저총. 쌍영총.

오회분 5호묘. 오회분 4호묘. 장천 1호분.

길조이며 흉조인 까마귀

흔히 흉조라고 말하는 까마귀가 고구려에서 신성한
새로 대접받은 이유는 당시 동북아시아가 유목과
수렵 생활을 하는 지역이었기 때문입니다.
농사를 짓는 지역처럼 까마귀로 인한 피해가 크지
않았을 뿐만 아니라, 이동을 많이 하여 매장 문화가

까마귀는 역시
흉조야 . 흉조!

발달하지 않은 유목민들에겐 시체를 먹는 까마귀가 죽은 이들의 영혼을 하늘로
인도해 주는 새로 보였기 때문입니다. 같은 이유로 농경이 중심이었던 중국에서는
농작물을 해치는 까마귀를 흉조로 보게 되었습니다. 게다가 오랜 적수인 고구려의
깃발에 까마귀처럼 보이는 삼족오가 그려져 있으니, 까마귀에 대한 기피가 더욱
심해질 수밖에 없었습니다.

일본의 삼족오

일본의 삼족오는 '야타가라스'라고 불리며, 개국 신화에서부터 등장합니다.
고대 일본의 천황이 산속에서 길을 잃었을 때 세 발 달린 까마귀가 길 안내를 해
주었다는 전설이 전해질 만큼 일본의 삼족오는 예로부터 신령스러운 존재로
알려졌습니다. 그 전통은 오늘날까지도 이어져, 일본의 여러 신사(사당)에서도
삼족오를 흔하게 만날 수 있습니다. 일본의 오래된 가문에서는 자기 가문을 나타내는
독특한 문장을 사용하는데, 여기에서도 삼족오를 많이 볼 수 있습니다. 일본 천황이
즉위식에서 입는 옷과 깃대에도 삼족오가 수놓여 있고, 1930년대부터는 축구 협회의
공식 문양으로도 사용되고 있습니다.

하지만 일본에서 쓰이는 삼족오의 문양은 고구려의
삼족오와는 달리 머리에 벼슬이 없어, 현실 속의
까마귀와 더 비슷한 모습을 하고 있습니다.

일본 축구 협회의 엠블럼
야타가라스를 본뜬 일본 축구 협회의 문장은
대규모 캐릭터 사업으로 발전되었다.

여보세요.

…으음, 알겠네.
지금 그쪽으로 가고 있으니
만나서 얘기하세.

고구려 식당

삼촌이 전화를 안 받는데?

뭔가 불안해……

에이~, 설마 별일 있겠어?

요것도 시킬까?

그, 그렇겠지?

아냐!

아무래도 예감이 안 좋아.

안되겠다! 아저씨, 저는 먼저 저택에 가 있을게요!

주문하신 음식 나왔습니다.

흠~, 참 아쉽구나.
팡이 네 입맛을 고려해서
특별히 주문했는데……

정 그렇다면
할 수 없……

우아~!
이것도 맛있고,
저것도 맛있고!

둘이 먹다
하나가 죽어도
모를 맛이에요~!

근데 고구려 전통 음식이라더니, 한국 음식이랑 비슷하네?

그럼~, 고구려 사람들의 주식도 밥이었거든.

고구려는 남쪽의 백제나 신라에 비해 기름진 땅이 부족해서 벼농사보다는 밭농사가 발달했어. 그래서 기장, 수수, 조 같은 잡곡을 많이 먹었지.

쩝 쩝...

냠냠...

오물 오물

또 콩의 원산지이기도 해서, 간장과 된장 같은 발효 식품을 만들어 길고 추운 겨울 동안 저장해 먹는 지혜가 있었대.

꿀꺽...

그럼 마지막 불고기 한 점은 내가…….

턱

이건 불고기가 아니라 맥적이라는 고구려 요리야. 맥은 중국에서 고구려를 가리키는 말이고, 적은 고기구이라는 뜻이지.

된장 같은 것으로 고기에 양념을 해서 구운 건데 불고기의 옛 모습이라고나 할까?

그래? 잘 알겠으니……, 그만 좀 놓지?

부들부들

부들

널 구하러 온 친구한테 고기 한 점 양보 못해?

부들 부들부들

지 지 지

그마안!!

여기 맥적 한 접시 더요~!

그르르

배 터질 때까지 시켜 줄 테니까 그만 싸우렴.

꼬르륵

부럽다…

123

휴～,
이제 좀 배가
부르네.

아참, 메이링!
근데 너네 코치는 사진만 보고
그 칼이 귀한 건지
어떻게 알았을까?

뭐야, 지금
우리 코치를
의심하는 거야?

에이～, 뭘 또 그리
예민하게 생각해?

하지만 사실 그 코치,
처음부터 느낌이
별로긴 했어.

웃겨～. 네가
관상이라도
본다는 거야?

흠～. 관상은 몰라도
직감은 좀 정확하지!

그 사람……, 뭔가
비밀을 감춘 듯했어.
마치…….

그래!
마크를 처음 만났을
때처럼 말이야!

마크는 또
누구냐?

세계적인 트레저 헌터
조직원이래요.

꾸르륵

딱!

어쨌든 코치가
칼을 훔친 거라면
벌써 도망갔을 텐데,

어떻게 하지?

이게 듣자 듣자 하니까~.
자꾸 엉뚱한 사람 의심할래?
코치는 그런 사람 아냐!!

생각해 보면 수상한 사람은 많잖아?
그 저택 주인도 그렇고,
칼을 팔았다는 도굴꾼이 다시
훔쳐 갔을 수도 있고!

윽, 화장실이……

안 그래요,
반 아저씨?

으응?
그, 그런 경우가
종종 있지.

도굴꾼 중에는
꼬질대 하나로
수천 년 전 유물을
찾아내는 명인도 있지만,
사기꾼도 많으니까.

도, 도굴꾼이 유물을 찾을 때 쓰는 도구야.
30cm 정도 길이의 속이 빈 강철 막대기인데
여러 개 이으면 5m까지도 늘릴 수 있어.

진정한 도굴꾼은 무덤 속에 꼬질대를
찔러 넣어 부딪히는 소리만으로 유물이 있는지,
또 종류와 재질이 무엇인지까지 알 수 있다는……

그럼 난
잠시…….

잠깐만요,
꼬질대가 뭐예요?

으아아~!
안되겠다!

도저히
못 참겠어!!

애고, 가방이…….
제가 주워 드릴게요.

주섬주섬

응?
이건?

여, 여기요~!
계산 좀 해 주시오!

…지도?

잠깐만요!

너 정말 괜찮아?
네 돌머리가 이 정도에
깨지진 않았겠지?

당연히
안 깨졌지~.

사실은 이것 때문에
일부러 그런 거야.

이게 뭔데?
저 아저씨 거 아냐?

맞아, 방금 저 아저씨
가방에 꼬질대가 있었어.
도굴꾼이 분명해!

이걸
왜?

그리고 그 지도에 표시된 곳들은 모두 고구려 유적이 있는 위치야!

고구려 유물을 찾는 도굴꾼이라면 최근 연개소문의 칼에 대해서도 알고 있지 않을까?

네 직감이 그렇다면 틀림없을 거야!

빨리 따라가자!

고구려의 음식

고구려의 식생활

고구려는 큰 산과 깊은 골짜기가 많아 지형적으로 백제나 신라에 비해 논농사가
어려웠습니다. 그래서 쌀보다는 밭에서 자라는 조나 보리 같은 잡곡을 주로 길렀고,
육류로 영양을 보충했습니다. 그러나 중기 이후 국력이 강해지고 한강 유역과
요동 지방을 차지하면서, 쌀의 공급이 원활해지고 음식의 종류도 다양해졌습니다.
고구려인들은 육식을 즐겨 사슴과 멧돼지 등을 사냥하고 말, 소, 양, 돼지, 개 등의
가축을 길렀습니다. 말은 주로 이동용이었고, 소는 농업에 중요한 노동력이었기
때문에 주로 돼지고기를 먹었습니다. 돼지는 제사에 쓰기 위해 나라에서 따로 관청을
두고 기를 만큼 중요한 식량이었는데, 우리나라에서는 지금도 큰 행사나 잔치가 있을
때 돼지를 잡는 풍습이 남아 있습니다. 또 고구려는 압록강, 대동강을 비롯한 크고
작은 강과 서해, 동해 등 바다와 가까워 어업이 발달하였고, 그만큼 수산물이
식생활에서 차지하는 비중도 컸습니다. 또한 소금을 이용해 발효 식품을 만든
것으로도 잘 알려져 있습니다. 콩을 삶아 삭힌 후 소금을 섞어서 메주를 만들고 다시
이것으로 간장과 된장을 만들었으며, 이를 이용해 음식을 오래 보관할 수 있는 방법을
찾아 추운 북방 지역에서의 겨울철과 가뭄, 전쟁 시 등에 요긴하게 썼습니다.

주식과 부식

©이태호

고구려의 양념 불고기 맥적
고기를 된장과 마늘로 양념해서, 귀한 손님을
대접할 때 내놓는 고급 요리였다. 오늘날
불고기의 기원으로 보인다.

우리가 밥과 반찬을 차려 식사를 하는 것처럼,
고구려인들도 주식으로는 곡류를 먹고 부식으로
다양한 음식을 준비한 것으로 추측됩니다.
임금과 귀족 계층의 사람들은 쌀밥을, 일반
백성들은 조가 섞인 잡곡밥을 주로 먹었으며
반찬은 시금치, 가지, 배추 같은 야채와 육류를
이용해 만들었습니다. 또 고구려에서도 김치를
먹었지만 우리나라에 고추가 들어오기 전이라
소금에 절여 만들었습니다.

고구려 고분 속 음식 문화

안악 3호분의 디딜방아 발로 절구를 밟아서
떡을 찧거나 고추 등을 빻는 디딜방아이다.
이 무덤이 만들어진 시기를 보면 고구려인들은
4세기 전부터 디딜방아를 써 온 것을 알 수 있다.

안악 3호분의 주방
쇠로 만든 솥과 시루에 음식을 했다.

안악 3호분의 외양간 소는 제사와 농사에 활용했을 뿐 아니라
고구려 사람들에게 중요한 식량이었다.

무용총의 손님맞이 주인과 손님이 이야기를 나누는 모습 뒤로 과일이 담긴 그릇이 보인다.
귀족들이 식사할 때 밥상을 이용했다는 것을 알 수 있다. 주인은 크게 그리고 시종은 작게 그려 신분을 표시했다.

제8장
고구려의 첫 도읍지

오녀 산성

헉헉, 경사가 장난이 아닌데?
우리 같은 무술인이면 몰라도
보통 사람은 올라가기 힘들겠어!

137

역시, 그럼 아저씨가
칼을 찾긴 찾으셨나
보군요?

너, 너희들
대체 뭐야?!

멋있어요!

하필
막다른 골목이야!

아까 아저씨의 통화 내용은
다 녹음했어요.
도굴은 중범죄라는 거 아시죠?
증거가 있으니 신고할 수도 있지만,

저희한테 협조해 주신다면,
증거는 없애 드리죠.
우리는 사라진 연개소문의
칼을 찾는 중이……

잠깐!

그게 무슨 말이냐?
연개소문의 칼이
사라졌다니?!

내가 그 칼 한 자루 때문에
얼마나 죽을 고생을 했는데!
내 잔금은 어쩌라고~!!

아이고

쿠!

뭐,
뭐라고?

141

워, 원래 한 자루밖에 없었다뇨?

그 한 자루는 삼촌이 들고 있었는데…….

도둑맞은 게 아니라, 저택 어딘가에 숨겨져 있는 거 아냐?

!!!

멈칫

그럼 대체 네 자루는 어디로 사라진 거냐고요~!

아유, 그걸 내가 어떻게 아니!

으하하, 전문가의 입장에서 봤을 때 그럴 리는 없단다.

나머지 네 자루가 발견됐다는 말은 들은 적이 없거든. 하긴, 내가 못 찾은 걸 누가 찾겠어?

그럼……, 우리가 속았단 말인가요?

글쎄, 그건 너희 사정이지! 난 바빠서 이만.

난 최고라고!!

훗

이 정도면 충분히 협조했지!

146

147

위험할지도
몰라!

그럼, 칼은 원래
한 자루밖에
없었다는 건가?

이게 어떻게 된 거요!

도둑맞은 칼은
다 뭐고!

지금까지 날 왜
묶어 놓은 거지?

해, 해치워 버려!

뭐?!

고구려의 성곽

성의 나라, 고구려

압록강 중류 지역에 나라가 형성되기 전부터 그곳에 살던 고구려인의 선조들은
'구려 사람' 이라고 불렸습니다. '구려' 는 바로 성이라는 뜻입니다.
국호 자체가 높은 성을 뜻하는 고구려는 말 그대로 '성의 나라' 였습니다.
영토를 확장할 때마다 성을 쌓았고, 평소에도 산성 위주의 방어 체제를 유지했기
때문에 고구려인이 살았던 곳 어디에서나 쉽게 성을 발견할 수 있습니다.
주로 돌을 이용해 튼튼히 쌓은 고구려의 성은 지금까지도 예전 모습 그대로 남아 있는
것이 많습니다. 현재 만주 일대에만 2백여 개, 북한 지역에도 백 개 이상의 고구려
성들이 남아 있으며, 최근 남한 지역에서도 50여 개의 고구려 성이 발견되었습니다.

2천 년의 역사를 간직한 오녀 산성

고구려를 세운 주몽이 처음 도읍으로 정한 곳이라고 전해지는 오녀 산성은 랴오닝 성
환런 현 동북쪽으로 8.5km 떨어진 오녀산에 있습니다. 기원전 3년 주몽의 아들
유리왕이 국내성으로 도읍을 이전하기 전까지, 40년간 고구려의 수도였던 곳으로, 이
부근에 남아 있는 고구려의 산성 가운데 가장 보존이 잘되어 있습니다. 1966년
본격적으로 발굴을 시작하여 고구려 시기의 유물이 대량 출토되며 이 지역에 대한
중국 정부의 관리가 강화되었고, 2004년 7월에는 지린 성 지안 현의 고구려 왕릉 및
귀족 묘지와 함께 유네스코 세계
문화유산 목록에 등재되었습니다.

오녀 산성
깎아지른 듯한 절벽을 이용해 천연 요새를
만들었고, 산세가 완만한 곳에만 성벽을 쌓았다.

고구려 산성 축성법의 비밀

고구려의 산성이 수백 차례 반복된 중국의 공격에도 쓰러지지 않고 원형 그대로의 모습을 유지하는 것은 그만큼 기초 작업이 튼튼했기 때문입니다. 고구려인들은 성을 쌓을 때 다양한 방법을 이용했는데, 높은 성벽을 쌓을 땐 성벽의 아랫부분(굽도리)을 튼튼히 하기 위해 특별한 공법으로 기단을 쌓았습니다. 땅을 파고 기초 작업을 한 뒤에 커다란 바위를 쌓아 굽도리를 만들고, 그 위에 작은 돌을 계단식으로 경사지게 쌓아 높은 성의 무게를 견딜 수 있도록 한 것입니다. 백암성의 경우 10m가 넘는 높이를 받치기 위해 2m~3m 정도의 계단식 굽도리 기단을 쌓기도 했습니다.

백암성의 기초 부분 무거운 돌담을 버티려면 하단부가 튼튼해야 하므로 9~10층까지는 올라가면서 안으로 들여쌓는 방법으로 기초를 다졌다.

그 외에도 담장이나 성벽, 돌무덤을 만들 때는 바닥을 지탱하는 바위를 반듯하게 깎지 않고, 그 위에 올릴 돌을 자연석 모양 그대로 다듬어서 접합시키는 그랭이 공법을 썼습니다. 어려운 작업이지만 정확하게 맞추면 이빨이 맞물리듯 돌이 딱 맞물려 매우 튼튼했습니다. 고구려의 성이 중국의 온갖 공성 무기에도 무너지지 않고 자리를 지킬 수 있었던 것은 바로 이러한 기술력과 노력이 있었기 때문입니다.

그랭이 공법으로 지은 불국사의 축대 아래쪽 자연석의 형태에 맞춰 윗돌을 다듬은 것을 볼 수 있다. 한국의 건축물이 지진 등의 충격에 강한 것은 이러한 그랭이 공법으로 기초를 다듬었기 때문이다.

제9장
댐 속에 갇힌 유적

여기야! 바로 이 호수 속에 그 칼이 있었어!

설마요…….

진짜야!

원래 이 호수 아래에 엄청나게 많은 고구려 고분이 있었거든.

에이~,
그게 말이 돼요?

진짜라니까!

물이 말라 바닥이 드러났을 때
빛의 속도로 뛰어가서 훔쳐 온 거야.
무너질까 봐 다른 유물엔
손도 못 댔어.

정말
위험했다고!

그럼 지금도 물이 적은
갈수기니까 다시 그 무덤에
가 볼 수 있겠군.

너까지 왜 이래?
저 아저씨 말을 믿는 거야?

봐, 오녀 산성은
저 위에 있어!

고구려의 유물이라면 당연히
사람들이 모여 살았던
저 성안에 있을 거라고!

메이링,
그렇지 않아······.

저 산성에만 사람이 산 게 아니야. 고구려의 수도는 산성과 평지성으로 이루어져 있었거든.

그래서 평소에는 일반 평지성에 살다가 전쟁이 나면 산성으로 올라가서 외적과 싸웠지.

댐이 생기는 바람에 지금은 호수가 되었지만, 여긴 2천 년 전 많은 사람들이 살았던 고구려의 첫 수도 자리야.

현재 호수 자리

적이 몰려온다! 어서 이쪽으로 올라와!

전쟁 시

저 아저씨 말대로, 이곳에는 수많은 고구려의 유적과 무덤들이 있었어.

1950년대까지만 해도 묘가 240기나 있었고, 그 안에서 칼이나 화살촉 같은 유물도 많이 나왔다고 해.

하지만 중국의 환런 댐 건설로 지금은 모두 물속으로 사라졌어. 고구려의 역사와 함께……

철~ 아 아 아……

그게… 정말이야?

156

어떻게 고작
댐 짓겠다고
그 귀한 유물을
없앨 수 있어?!

내 말이~!
그 안에 도굴할 게
어마어마했을 텐데!

아이고~ 아까워!

호수에 물이 마르면 아직 남아 있는
무덤들이 보이기도 한대.

뭐라고요?

아, 아니…

아저씨가 말한 고분에
가 보면 확실해지겠지!

좋아!

그림 안내해 주세요.
연개소문의 칼이 있던
그 무덤으로요.

그… 무덤에
진짜 가려고……?

그래……

지구본 교수가
탈출을 했다고?

좋아, 그렇다면
다음 계획으로 간다.

. . . . .

와~, 정말 아래쪽으로 오니까 강 한복판까지 다 말랐잖아?

바로 저기야!!

연개소문의 칼이 있던 곳......?

여, 여기가......

누구 무덤일까?

일단 들어가 보자!

근데 아저씨!

세 나라에 남은 고구려 유적

중국 땅의 고구려 고분과 유적

주몽이 처음 고구려를 열었던 오녀 산성뿐 아니라 두 번째 수도인 국내성과 광개토 내왕릉비 등 대표적인 고구려 유적은 모두 중국의 영토에 있습니다. 중국은 '고구려의 수도와 왕릉, 그리고 귀족의 무덤'이라는 제목으로 고구려의 첫 번째 수도와 두 번째 수도가 있었던 지역을 모두 포함시켜 유네스코 세계 문화유산으로 등재하였습니다. 이는 고구려의 문화유산이 세계적으로 인정받은 뿌듯한 일이지만, 중국은 이것 역시 고구려사를 자신들의 역사로 포함시키는 근거로 이용하고 있습니다.

장군총 중국 지린 성 지안 현에 있는 고구려의 무덤으로, 현재까지 남아 있는 고구려의 돌무덤 중 가장 완벽한 형태를 유지하고 있다.

북한의 고구려 유적

북한에는 평양과 남포, 평안남도 대동, 황해남도 안악 일대에 크고 작은 유적들이 많이 남아 있습니다. 북한은 한민족의 정통성을 계승하는 의미로 고구려 유적을 보존하는 데 노력을 기울여, 2002년 고구려 고분의 세계 문화유산 등재를 신청했습니다. 그러나 이때 중국의 공동 등재 제안을 북한이 거절하면서 세계 문화유산 등재가 연기되고 맙니다. 이때부터 중국은 무심히 버려 두었던 고구려 문화재에 엄청난 예산을 투입해 보수를 시작하여 다시 유네스코에 등재를 신청하였고, 2004년 북한과 중국의 고구려 유적은 서로 다른 이름으로 동시에 세계 문화유산에 이름을 올렸습니다. 현재 북한은 16기의 벽화 고분을 포함한 총 63기의 고분을 '고구려 고분군'이란 이름으로 유네스코에 등재하고 보존을 위해 노력하고 있습니다.

남한의 고구려 유적

고구려는 한때 한강 유역까지 차지했기 때문에, 남한 지역에도 고구려의 흔적이 일부 남아 있습니다. 남한에서 처음 발견된 고구려 유적은 장수왕이 남쪽으로 영토를 확장하며 세운 중원 고구려비로, 1979년 충주에서 발견되었습니다. 그리고 또다시 한동안 고구려 석실분만 종종 발견될 뿐 확실한 유물은 나타나지 않았습니다.

그러던 중 1990년대 초 아차산 일대에서 고구려가 전쟁을 위해 설치한 보루가 무더기로 발견되며, 남한 지역의 고구려 유적 조사가 활발하게 진행되었습니다.

남한의 고구려 유적은 대부분 군사 활동에 관련된 시설과 고분인데, 북으로는 임진강, 한탄강 유역에서부터 남으로는 충북 청원과

'관리가 제대로 되지 않아 비석의 훼손이 심해지고 있어요!'

중원 고구려비 마모가 심해 일부만 읽을 수 있지만 고구려가 신라를 불렀던 말들이 적혀 있어 한강 유역을 장악한 장수왕이 고구려 영토를 표시한 것으로 추정된다.

대전, 동으로는 강원도에 걸쳐 발견되고 있어서 고구려의 영향력이 이곳까지 퍼져 있었음을 알 수 있습니다. 비록 우리나라에 남아 있는 고구려 유적의 수는 적지만,

이들에 대한 적극적인 보호와 이를 통한 연구·조사가 활발히 이루어져야 할 것입니다.

아차산 보루
한강을 끼고 있는 아차산은 치열한 삼국 쟁탈전의 현장이었다. 남한에서 최초로 발견된 고구려 유적지로, 많은 양의 고구려 토기와 무기 등이 출토되었다.

제10장
딱 한 가지
거짓말

부슬

부슬

대단한데?
밖에서 본 것보다
안이 꽤 넓어!

· · · · · ·

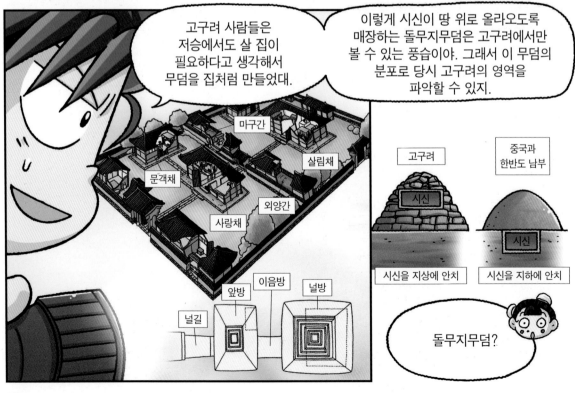

고구려 사람들은
저승에서도 살 집이
필요하다고 생각해서
무덤을 집처럼 만들었대.

이렇게 시신이 땅 위로 올라오도록
매장하는 돌무지무덤은 고구려에서만
볼 수 있는 풍습이야. 그래서 이 무덤의
분포로 당시 고구려의 영역을
파악할 수 있지.

마구간

살림채

문객채

외양간

사랑채

앞방

이음방

널방

널길

고구려

중국과
한반도 남부

시신

시신

시신을 지상에 안치

시신을 지하에 안치

돌무지무덤?

그리고 6세기 이후부터 멸망할 때까지는
흙무지 돌방무덤이 중심이 되었어.
대략 4세기 중엽부터 등장한 고구려의
고분 벽화는 모두 흙무지 돌방무덤에서
발굴된 것들이지.

그럼 이건 그중에
어떤 무덤이야?

딱 봐도 계단식 돌무지 돌방무덤이지.
5세기에 지어진 형태로……

아, 그럼 저기가
방인가 보다!!

메이링,
잠깐만!

잠깐!
연개소문이 죽은 건
7세기인데……!

와, 정말 있어!
연개소문의 칼이야!

말도 안 돼······.
그럴 리가 없어······.

뭐야? 그럴 리가 없다니!
내가 먼저 찾아서 배 아프냐?

그, 그런 게
아니야.

혹시······.

三(삼)?!

그래, 역시 그랬어…….

왜 그래?

고구려에는 부장품에 숫자를 표기하는 풍습이 있었어.

정말이네? '三'이라고 써 있어.

그렇다면 다섯 자루의 칼에 새겨진 숫자는 모두 달라야 해.

그런데 메이링, 이것 좀 봐.

작아서 잘 안 보이지만, 이 사진 속 칼에 새겨진 숫자는 모두 '三'이야!

그럼……, 어떻게 된 거야?

이 사진이랑 칼이 모두 가짜라는 거야?

순순히 그 칼을 내놓으시지?

봉… 팔이?

권총?

여기 있어요, 보스!

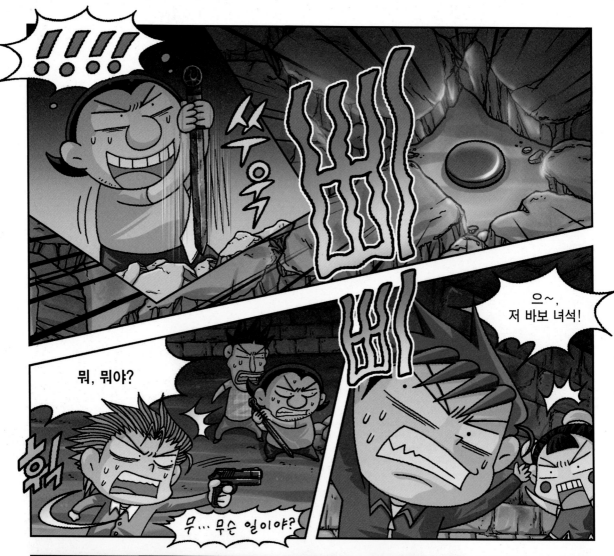

강 작가의 마감 후기

I. 마크가 무서워

이번엔 마크가 할아버지 분장을 한다고?

할아버지라도 꽃노인이겠지? 마크니까!

암~, 수박에서 줄 지운다고 호박 되겠어?

음~, 완벽해! 이 차도남의 자태! 저 콧털로도 가려지지 않는 미친 존재감!

샤방 샤방

그런데…….

네에? 더 못돼 보이게 그리라고요?!

이 많은 걸 다시 그리라는 말씀?!

그날 밤

끼잉 끼잉

크하하…

편집부 박모씨

빨리 그려! 더 그려! 당장 그려!

편집부가 원하는 마크의 얼굴을 그리고, 그날 밤 저는 밤새 악몽에 시달렸답니다.

사…살려줘요~ 끄으응

여러분!
드디어 기다리고 기다리던
〈한국사 탐험 보물찾기〉가
나왔습니다!

오늘 이 자리에
위대한 미남 작가이신
강경효 작가님을
모셨습니다.

지금 기분이
어떠신가요?

ㄴ끼~

그동안 정말 많은 분들이
요청해 주셨는데요,
〈한국사 탐험 보물찾기〉시리즈가
나오게 돼서 저도 무척 기쁩니다.

그런데 왜 한국사 탐험의
첫 권이 고구려인가요?
고조선은 어쩌고……

엥? 듣고 보니
그렇네요?

…가 아니라!!
편집부 박모 씨께서
설명해 주실 겁니다!

어머나!

소영 씨,
나 지금
괜찮아?

저기요, 지금
카메라 돌고
있는데요……

머리 푼
박모씨

사실 고조선부터 시작해 볼까도 생각해 봤지만,
고조선에 관련된 유적이나 유물 등의 자료가
너무 부족했어요. 비교적 자료가 풍부한 삼국 시대부터
진행하는 것이 여러분께 더 가까이 다가갈 수 있을 거라
생각해, 〈고구려 시대 보물찾기〉부터 시작한 거랍니다.

사실 고구려도 남아 있는
유물이나 벽화 등이 많이
훼손돼 버려서 정보 수집이
어려웠다고요!!

어맛~!
왜 끼어들어요!

아, 그럼 다음 편은
〈백제 시대 보물찾기〉가
되는 건가요?

아니죠~.
〈고구려 시대 보물찾기〉
2탄이랍니다!

너
바보니?!

선생님!
이게 대체
무슨 그림이에요?

선생님! 이 중에
어떤 화살촉으로
그려야 되나요?

문하생1

문하생2

다음 권도
기대해 주세요!